Besser Verstehen.

Die Deutsche Nationalbibliothek verzeichnet diese Publikation in der Deutschen Nationalbibliographie; detaillierte bibliographische Daten sind im Internet über dnb.d-nb.de abrufbar.

Verlag: BoD · Books on Demand GmbH, In de Tarpen 42, 22848 Norderstedt, bod@bod.de
Druck: Libri Plureos GmbH, Friedensallee 273, 22763 Hamburg

ISBN: 978-3-7597-4321-3

„Was ist das *Jikido*? Was ist der gerade Weg? – Durch bloßes Betrachten wirst Du in der Lage sein, zu sagen, was der gerade Weg ist und was der gerade Weg nicht ist. Wenn Dein tägliches Verhalten am Weg ausgerichtet ist, wirst Du niemals fehlgehen – selbst ohne vertieftes Wissen."

Miyamoto Musashi, *Goho-no-Tachimichi*, Englische Übersetzung aus dem japanischen Text von Uozumi Takashi von Alexander Bennett – frei übers. ins Deutsche d. d. Verf.

Besser Verstehen.

Dokkôdô

Das Vermächtnis des Miyamoto Musashi

von Gerald Marimón

Inhalt

Einleitung

Miyamoto Musashi ist in den letzten fast 400 Jahren weit über sein Heimat-land, Japan, bekannt geworden. Nicht nur Kampfsportler sehen seine Schriftwerke als ein Muss an. Auch Manager und Künstler suchen Inspiration für ihr Handwerk und ihren Alltag. Sie finden diese in den kurzen und klaren Texten des *Kensei* (Schwertmeisters) aus dem Japan des 17. Jahrhunderts.

Mit seinen Werken, die er in unterschiedlichen Phasen seines Lebens abgefasst hat, werden seine ganz persönlichen Weiterentwicklungen auf dem Weg, seinem Lebensweg, deutlich. Am Ende seines Lebens schrieb er als geistiges Vermächtnis sein *Dokkôdô*. Übersetzen lässt sich dieser Titel der sehr kurzen aber gehaltvollen Schrift mit „Der Weg, den ich alleine ging."

Wie sein vorausgehendes Abschluss-Werk zur Schwertkunst, welches aus fünf Kapiteln, für mich sind es fünf Kapseln, bestand und von ihm selbst keinen Titel erhielt, müssen wir uns heute vor Augen führen, dass er nach japanischer Art auf *Washi*-Papierstreifen schrieb, diese eben zu Rollen zusammen gefasst und in Kapseln für uns aufbewahrt wurden. So kennt auch jeder heute dieses Schlusswerk als *Go-rin-no-sho* (kurz *Go-Kan*) oder eben Die fünf Rollen. Oberflächlicher ist in der Populärliteratur dann daraus „**Die fünf Ringe**" gemacht worden. Klingt mystischer, oder? Nur nochmal daran erinnert sei hier: der Meister hat dem Werk <u>keinen</u> Titel gegeben. Wohl gab er dem Vorwort, das er dann aber nicht den fünf Rollen beigab, einen Titel: *Goho-no-Tachimichi.* Das lässt sich mit **„Die fünf Haltungen für den Schwert-Weg"** übersetzen. Er führt den interessierten Leser zu den Fünf Grundhaltungen. Das sind die hohe, die mittlere, die niedrige sowie die linke und die rechte Haltung. Das Hauptwerk gliedert er ebenfalls in fünf Themen. Erde, Wasser, Feuer, Wind und Leere. Sind die Haltungen eher sportpraktisch, sind die genannten Elemente der Urbestand fernöstlicher Weltbetrachtung. - *Godai.* Über buddhistische Mönche und über Einwanderer kamen knapp tausend Jahre vor Musashi die Gedanken- und Geistesschulen Indiens über China und Korea zu den Japanern. Davor und danach waren es chinesische Einflüsse: der Daoismus und der Konfuzianismus, die die Elemente in der Japanischen Kultur und Tradition verfestigten.

In allen Schriften Musashis lassen sich für mich und hoffentlich meine Leser daoistische, buddhistische, konfuzianische und hinduistisch geprägte Textstellen aufspüren. Allem gemeinsam ist das Streben nach Perfektion in der Performance und im Sein. Musashi portraitierte in hingebungsvollen und vervollkommneten Zeichnungen und Gemälden den einflussreichen Konfuzianer Zhou Dun-yi aber auch den Zen-Patriarchen Japans, Bodhidharma.

Neben der Literatur unserer Zeit zu fernöstlichen Verteidigungstechniken kamen ebenfalls seit den Sechziger Jahren Konzepte für das Management und die Führung hinzu wie etwa *Kai Zen, Hoshin Planning* und *Kanban*.

Für Musashi war alles durchdrungen von Strategie, japanisch *Heiho*. Dabei war für ihn *Heiho* viel mehr als der heutzutage gebetsmühlenartig wiederholte, unzulässig verkürzende, und allenfalls Clausewitz zitierende „Weg zum

Ziel". In Musashis Arbeiten leben die Konzepte chinesischer Kriegskunst, aus denen er Beispiele entlehnte. Das Daoistische lebt in **yo-in** (dem japanischen Jing und Jang – Achtung: im Japanischen entspricht Yo dem Yang) und den Ausrichtungen am wagenden Herz (**In-no-kokoro**) und dem zurückgehaltenen Herz (**Shin-no-kororo**) bzw. *Hoshin* und *Zanshin* fort. So ist die Hoshin-Planungsstrategie eben nicht nur eine Kompassnadel zur Orientierung, sondern ein dualistisch dem *Zanshin* beigeordnetes Konzept, um Durchbrüche und Disruptionen vorzubereiten und auszuführen.

Ich habe mich, als ich die Strategieabteilung eines Konzerns leitete, auf Lernreisen gemacht und mich mit den großen strategischen Würfen japanischer Firmen, vor allem Toyotas, beschäftigt. Yamatomo Tsunemotos *Hagakure*, der *Samurai-Kodex*, und Co. kamen damals dazu.

Alles, was danach folgte, war eine Anwendung der Lehren aus eben dieser Zeit. Und damit habe ich den Weg in die Selbständigkeit beschritten, der absehbar bis zu seinem Ende der Weg der Strategie (*Heiho*) bleiben wird.

Als Anwalt wie als Berater und Trainer ist der Dienst als Wegbegleiter für mich der bestimmende. Strategie, Qualität, Controlling und Kommunikation sind die wesentlichen Wegmarken. Sieg, Ertrag und Höhengewinne sind die Zielmarken auf dem Weg. Und die sind nach all dem, was ich bisher aus Versuch und Irrtum gelernt und erfahren habe, nur über **Wegtreue, Achtsamkeit und Vervollkommnung** zu erreichen.

Für diese Schrift aus meiner Buchreihe „Besser Verstehen" habe ich keine Literaturapparate ausgewertet und aufbereitet obwohl ich auf unzählige Bücher zurückgreife. Sie ist auch kein literarisches Vermächtnis, sondern einfach eine Meldung vom Weg. Nicht mehr. Nicht weniger.

Ich habe hier einfach für den Leser aufgeschrieben, was ich richtig und wichtig finde. Ohne Theorie für seine Praxis aus meiner Praxis. Ich hoffe so, als Verfasser mit meinen Lesern eins zu werden.

Augsburg, im Januar 2024

Gerald Marimón, Rechtsanwalt, Autor, Speaker, Trainer, Coach und Inhaber der fiib® GmbH in Augsburg

1. Schnitt: Musashis Dokkôdô - 21 Sätze über den Weg

Wie eingeleitet, ist die Grundlegung dieser Schrift Musashis Weg-Vermächtnis. Er fasste es am zwölften Tag des fünften Monats 1645 also eine Woche vor seinem Tod ab.

In der Populär-Literatur finden sich häufig Übersetzungen, die den Urtext im Kommandostil abfassen. *Tu dies! Lass das! ... -* da ich des Japanischen nur bruchstückhaft mächtig bin, habe ich mich auf die zahlreichen Übersetzungen vom Original ins Englische gestützt. Alles andere hat den Makel des Kopisten, wo einer vom anderen abschreibt. Hilfreich war dabei für mich, wenn der Übersetzer sein Vorgehen erklärte. Die mir sympathischste Erklärung lieferte Alexander Bennett aus dem Jahr 2020 („*The complete Musashi*" ISBN 978-4-8053-1616-0). Er übersetzte den Text nach japanisch möglicher Grammatik als Musashis Rückschau, die niemandem etwas vorschreibt. So liest sich der Text wie ein Vermächtnis an die Nachwelt. Seine Schüler nannten es *Jiseisho* (jap. das Gelöbnis) und ehrten es.

Und so machte ich mich an die weitere Übersetzung ins Deutsche. Der Leser sehe mir die Umstände nach.

1. Ich habe zu keiner Zeit den Weg der ewigen universellen Prinzipien verletzt.
2. Ich habe nicht nach Vergnügung um des Vergnügens willen gesucht.
3. Ich ließ keine voreingenommen Gefühle in mir zu.
4. Ich habe leichthin über mich aber tiefschürfend über die Welt nachgedacht.
5. Ich habe Zeit meines Lebens nicht der Gier nachgegeben.
6. Ich habe alles, was ich getan habe, niemals bereut.
7. Ich war zu keiner Zeit eifersüchtig, weder bezogen auf gute noch auf schlechte Dinge.

8. In jeder Beziehung habe ich niemals Verzweiflung über eine Trennung zugelassen.

9. Ich habe nie Boshaftes gegenüber anderen noch mir selbst gegenüber im Schilde geführt.

10. Vom Pfad der Anhaftung habe ich mich freigemacht.

11. Für nichts habe ich Vorlieben entwickelt.

12. Mir war immer egal, wo ich mich aufhielt.

13. Ich habe nie den Geschmack erlesener Speisen gesucht.

14. Ich besaß keine ausgewählten Schätze, die ich hätte vererben wollen.

15. Ich ließ mich nie auf Aberglauben ein.

16. Abgesehen von Waffen habe ich keinen Tand erstrebt.

17. Ich mied nicht den Tod auf meinem Weg.

18. Ich habe nichts für mein Leben im Alter aufgehäuft.

19. Ich respektierte die Gottheiten und Buddha habe aber nicht um ihre Hilfe gebetet.

20. Ich habe meinen Körper preisgegeben aber niemals meine Ehre.

21. Ich bin niemals vom Weg der Strategie abgewichen.

Musashis Vermächtnis. Da ist es. – Was macht das mit Ihnen als Leser der 21 Sätze über Musashis Weg? Erkennen Sie sich darin wieder? Im 21. Jahrhundert? Was werden Sie einmal – über Ihren Weg – aufschreiben?

Begleiten Sie mich doch auf den nächsten Seiten. Ich füge Ihnen ein biss-chen Kontext dazu.

2. Schnitt: Musashis Dokkôdô und Zen Buddhimus

Musashis Zeit war die einer großen Konsolidierung. Politisch und kulturell. Er durchlebte als Zeitgenosse das Ende einer über hundert Jahre währenden Bürgerkriegsphase, die kurz vor ihrem Schluss einen kurzen und verlorenen Expeditionskrieg in Korea umschloss. Er wurde 1582 geboren und starb 1645 in einem Zen-Kloster in der Kumamoto Provinz. Seine letzte Große Schrift (*Go-rin-no-sho*, Fünf „Ringe") widmete er dem Provinzoberhaupt, Hosokawa Tadatoshi.

Seit dem siebten Jahrhundert formte sich das Politische Japan. Es stand dabei bereits unter dem wesentlichen Einfluss koreanischer Migranten und unter dem spirituellen Einfluss chinesischer Mönche. Gegenüber dem mächtigen Akteur China musste es sich zunächst mühevoll ein Selbstbewusstsein schaffen. Shakjamuni Buddha, wie auch Konfuzius und Lao Tse flossen in die ersten Verfassungs- und Gesetzestexte Japans ein. Die waren damals sympathisch kurz. Über immer wieder kehrende Umbrüche entwickelte sich das Recht weiter. In Musashis Zeit entstand ein autoritärer

Zentralstaat mit feudalen Mechaniken. Verklärungen der Samurai, Ronin, Sohei und Shinobi (Ninja) verwischten die brutale Rechtslage, der die Japaner dieser Zeit unterworfen waren. Es ging um Steuerauspressung und eine Unzahl von Freiheitsbeschränkungen, mit denen sich das System für mehr als zweihundert Jahre einkapselte. Es gab ein Kastensystem bis hinunter zu den Unberührbaren, das niemand verlassen konnte außer durch den Tod. In dieser Zeit lebte und starb Miyamoto Musashi. Nach eigenem Benehmen sah er sich zunächst als Draufgänger, der keinem Zweikampf aus dem Weg ging. Dabei war er auch ein Künstler, Designer und Stadt-Architekt. Er war auch Feldherr und, was uns zu seinem schriftlichen Vermächtnis führt, Begründer und Leiter von Schulen und Autor dazu veröffentlichter Schriften. Der Weg, den er allein ging (*Dokkôdô*) lässt sich so auch als den Weg eines Einzelgängers bezeichnen, heutzutage würde man für ihn populärpsychologisch die Einordnung als **Sigma-Male** finden. Seine letzten Tage verbrachte er in einem Zenkloster (Reigando, Kumamoto Provinz) und nahm dort auch seinen buddhistischen Namen *Niten Doraku* (Zwei Himmel Drache) an. Hier verfasste er die letzten Schriften, das vorgenannte

Vorwort zu den fünf Rollen, die fünf Rollen selbst aber auch das *Dokkôdô*. Die Rolle des Zen-Mönchs, Takuan Soho, die im Romanwerk Musashi von Yoshikawa Eiji kunstvoll zu einer spannenden Lebensgeschichte des alten Japan verwoben wurde, ist historisch bislang unvollkommen geklärt. Takuan Soho schreibt in seinem eigenen Buch „*The unfettered Mind*" (eine deutsche Übersetzung liegt nicht vor) nichts von all dem, was Eiji in seinem Welt-roman kunstvoll zusammengefasst hat. Von Miyamoto finden wir im vorangehenden Kapitel nur, dass er den Buddha bzw. Buddhismus respektiert hat, aber nie religiös dahin betete.

Stellten die frühen Kaiser die Japaner noch vor die Wahl, den Shinto-Glauben oder den neuen Buddhismus anzunehmen, hatte in den nächsten fast eintausend Jahren eine pragmatische Verschmelzung stattgefunden. Sogar christliche Missionare waren zu Musashis Lebzeiten aktiv und mancher Daimio war konvertiert. So wie die Japaner aus einer hinduistischen männlichen Gottheit die weibliche Gottheit *Kannon*, die Musashi gleich in der Kurzeinleitung zu den Fünf Rollen in Bezug nimmt, machten, machten sie aus der weiblichen *Kannon* dann eben die christliche Jungfrau Maria.

Klarheit, Achtsamkeit und Reinheit wie auch Praxis und Pragmatismus finden sich in Musashis Werken und eben auch im *Dokkôdô*. Der wesentlichste Punkt ist die Anhaftung zu überwinden (s. *Dokkôdô* Nr. 10). Die drei Hauptaussagen Buddhas (*Trilaksana*), dass **alles auf der Welt 1. vergänglich 2. unvollkommen und 3. ohne eigentliches Selbst** ist, die Erfahrung des gegenwärtigen Augenblicks und des gegenwärtigen Bewusstseins durch Praxis und auch durch Meditation, lassen sich in den 21 Sätzen aus Musashis Vermächtnis wohl herausdeuten. An dieser Stelle in Musashis Leben und Werke den Zen Buddhismus hineinzudeuten verhalte ich mir indes. Wenn es (wieder) fünf Regeln dafür gibt, so seien diese hier für einen Laien aufgeführt:

1. nicht töten und verletzen.
2. nicht stehlen.
3. niemanden missbrauchen.
4. nicht lügen.
5. keine berauschenden Mittel zu sich nehmen.

Was ich aber damit sagen kann ist, dass Zen als das Scharfe Schwert des Geistes gilt. Damit ist Zen ebenfalls in gewisser und auch in einer umfassenden Weise eine Schwertkunst. In seiner Dualität begegnen sich auch bei Musashi schließlich in seiner Vermächtnisschrift des Dokkôdô, Geist und Körper.

3. Schnitt: Musashis Dokkôdô und Daoismus

Der Daoismus, der seinen ganzen Inhalt, in Lao Tses Buch des „*Dao de Jing*" finden lässt, war in Musashi Zeiten lang bekannt und längst vielfach übersetzt. Nicht nur schriftlich, sondern auch in die japanische Lebenspraxis und auch in die japanische Lebensweisheit. Das Ying und Yang wurde in Japan zum Yo und In. Außer dass die Japaner das Wort für das Weiße voranstellten, änderte sich an den Inhalten der Dualitäten nichts. Statt Tiger und Drache waren es eben für die Japaner Drache und Tiger.

Dao ist der Weg. Jing ist die Tugend. Dabei heißt *Dao* auf chinesisch auch Schwert (japan. *To*). Dann wäre die Übersetzung für Dao de Jing auch als *Das Schwert und die Tugend* möglich. Wie könnte es besser zum Weg, den er alleine ging, für Musashi passen?

Die Schrift von Lao Tse hält im 15. Abschnitt aber fest, was die besten Praktiker aus mystischer Vorzeit ausmachten.

1. Vorsichtig! Wie wenn man über einen gefrorenen Fluss geht

2. Wachsam! Wie einer, der von allen Seiten Gefahr fürchten muss

3. Zurückhaltend! wie ein Fremder auf Besuch

4. Freigebig! wie Eis, das schmilzt

5. Ursprünglich! Wie natürliche Einfachheit

6. Offen! Wie ein Tal

7. Chaotisch! Wie getrübtes Wasser

8. Ruhig! wie ein See

9. Brutal! als ob es kein Ende gebe

Da ist etwas von der Schwertkunst drin, die uns Musashi in den fünf Rollen und den vorangehenden Werken zur Entwicklung seiner Schule(n) hinterlassen hat. In Abschnitt 42 finden wir, dass alle Dinge das Ying und das

Yang umschließen. Bei Musashi ist die Dualität wörtlich als Zanshin und Hoshin (Zurückhaltender Geist und Befreiter Geist) zu finden. Wir lesen dazu *Heiho Sajugugo-Kajo* oder Kampfstrategie in 35 Artikeln. Als das Herz der Absicht und das Herz der Wahrnehmung, die sich immerwährend abwechseln. Vielleicht ist das Nummer 1 im *Dokkôdô*. Das ewige generationenüberdauernde Prinzip, das Musashi nie verletzt hat.

4. Schnitt: Musashis Dokkodo und Hinduismus

Wir haben schon gesehen, dass aus männlichen indischen Gottheiten in Japan weibliche gemacht wurden und die sogar zu christlichen Figuren umgedacht werden konnten (das lag allerdings auch an der Verfolgung der Konvertiten – gerade in Musashis Zeit, s. o.).

Mahatma Gandhi, Oppenheimer und zuvor Humboldt und Schopenhauer waren beeindruckt, ja im Falle Gandhis sogar geleitet, von einer Schrift, die auch im klassischen Japan Musashis bekannt gewesen ist. Bhagavad Gita war und ist eine Schrift der ewigen Weltliteratur, die gerade Musashi bekannt gewesen sein muss. Der Titel bezeichnet *Des Höchsten Gesang*. Es war ein Teil eines Epos, der zeitlich sogar Homers *Ilias* vorausging, aber auch einen gewaltigen Konflikt und schließlich Krieg beschrieb. Einen Konflikt aus widerstreitenden Prinzipien, die man in der Essenz auf den Konflikt zwischen Rechtschaffenheit und Durchtriebenheit beschreiben kann. Im besagten Teil des *Bhagavad Gita* geht es um ein Lehrgespräch, das einem Zen-Dialog ähnelt. Gesprächsteilnehmer waren der reinste Krieger *Arjuna* (der Weiße) und niemand geringerer als die Inkarnation des höchsten Wesens, *Krishna* (der jenseits des Blauen Blaue). Angesichts der bevorstehenden 18 Tage währenden Entscheidungsschlacht wird in 18 Kapiteln in dem Dialog entwickelt, welche Haltung Arjuna in seinen Gedanken und Taten angesichts des Lebensdilemmas einer Schlacht zwischen Gut und Böse annehmen soll, denn Arjuna fällt die Aufstellung schwer, so er doch auf der anderen Seite auch Verwandte, Freunde und Lehrer aufgestellt sieht. Er will den Konflikt vermeiden und Krishna gibt ihm detailreich Hilfe an die Hand. Wenn man so will ist das nicht nur der erste literarisch erfasste Zen-Dialog, sondern die erste Coaching-Sitzung in den Aufzeichnungen der gesamten Menschheit. Denn Krishna lenkt den Streitwagen (Coach) des Helden Arjuna. Sind es bei Musashi 21 Coachinganweisungen, im Budhismus drei, so sind es in den Kapiteln 12 und 13 des Baghavad Gita 42:

1. Unfähig zu Bösartigkeit

2. freundlich

3. mitfühlend

4. fremdnützig und frei von Egoismus

5. geduldig

6. beherrscht

7. selbstzüchtig

8. fest im Glauben an das Allerhöchste

9. nicht manipulativ und nicht manipuliert

10.   entsagt

11.   rein

12.   effizient

13.   unparteiisch

14.   angstfrei

15. selbstlos

16. nicht genusssüchtig

17. dienstbewusst

18. nicht lamentierend

19. nicht triebgesteuert

20. schicksalergeben

21. Freund und Feind wertschätzend

22. unbeeindruckt von Lob aber auch von Tadel

23. unbeeindruckt von Hitze und Kälte

24. unbeeindruckt von Freud und Leid

25. frei von Identifikationen

26. über Ehre und Würdelosigkeit erhaben

27. ruhig

28. ausgefüllt

29. fest im Glauben

30. meditierend

31. frei von Stolz und Vorurteil

32. frei von Verführung

33. wohlerzogen

34. vergebend

35. aufrecht

36. rein

37. ergeben dem spirituellen Lehrgut

38. voll innerer Stärke

39. selbstbeherrscht

40. frei von Bezugsobjekten

41. sogar unberührt von der Familie

42. selbstgenügsam und kein Herdentier

Vergleichen wir Musashis 21 Punkte des Dokkôdô mit diesen, so zeigt sich, dass der Schwertmeister nah an den Anforderungen des Bhagavad Gita von 1582 bis 1645 gelebt hat. Gerade der obige letzte Punkt passt doch zu jemandem, der seinen Weg alleine ging (Dokkôdô). Kein Herdentier.

5. Schnitt Zusammenführung

Zen-Praxis, Daoistische Wegtugend und hinduistischer Ethikpragmatismus finden wir in Musashis Dokkôdô. Die vorgestellten Listen von unterschiedlicher Länge weisen im Kontext mit Musashis Vermächtnis-Liste aber eine Besonderheit auf. Das Dokkôdô ist ein autobiographischer Lebensrückblick eines Menschen aus Fleisch und Blut. Es handelt sich um reinste Ich-Botschaften. Also ein höchstes Maß an Authentizität. Vielleicht macht es das so nahbar. Es geht um Werkzeuge, Antiquitäten, leckeres Essen – ganz alltägliche Dinge, die aber im Zusammenhang ein Aufruf an alle Vermächtnisnehmer, Kendoka, Kampfkünstler aller Disziplinen wie auch Manager, Politiker und Künstler, sind, einen Weg zu gehen, der reflektiert und geordnet ist. Einen Weg der fernöstlichen Selbstzucht, der wie die eher religiösen Bestimmungen der anderen vorgestellten Schriften nicht zu Elend und Depression führt, sondern zu einer heiteren gefassten Leichtigkeit und Freiheit, die einen Beitrag zum Ganzen, zur Einheit ja zum Leben erbringen kann. Sogar im Angesicht des eigenen Endes.

Das ist das Vermächtnis des Kensai, Miyamoto Musashi, an uns.

▲ ▲ ▲ ▲

4. Ausblick

Mit meinem Job gehe ich nun seit 2009 in das sechzehnte Jahr der Selbständigkeit. Die Zeiten ändern sich – aber der Mensch nicht. Die Grundbedürfnisse sind, seit es Menschen gibt, die nach einer wertvollen Verbindung. Vielleicht haben Sie es gemerkt, aber eine schlussmaßgebliche Inspiration habe ich durch meine Leidenschaft für den Kampfsport und durch die Befassung mit dem profundesten Schwertmeister Japans, Miyamoto Musashi, seinen Bücher „Go-Kan" (dt. *5 Schriftrollen*) und Dokkôdô (dt. *Der Weg, den ich alleine gehe*) gewonnen. Darin finden sich die fünfteilige Elementen-Aufteilung, der Geist, mit seinem Gegenstand eins zu werden und als wichtigstes überhaupt,: sich mit der Natur zu verbinden. Darin deckt sich sehr Vieles, vor allem im Dokkôdô, mit dem sehr lesens- und lehrenswerten Dao-de Jing von Lao-Tzu.

Bestens Verbunden bleibt als mein Firmenwahlspruch für mich deshalb auch in der Zukunft meine Verpflichtung.

Wenn Sie als Leser meines Buches das verspüren konnten, ist mein Wunsch aus der Bucheinleitung in Erfüllung gegangen. Dass Wir, Sie als Leser und ich als Verfasser dieser Zeilen – zumindest für die Zeit dieser Lektüre –eins wurden.

Ich würde mich freuen, wenn wir über diesen Text hinaus die Verbindung erhalten und Sie, wenn Sie das mögen, mir über meine Homepage (fiib.de) oder sogar über eine praktische Zusammenarbeit persönlich verbunden bleiben.

Herzlichst verbunden

Ihr Gerald Marimón

Anhang 1: fiib® Neun Schnitte Meditation (*Ninpo*)

Im Hauptteil habe ich die 21 Vermächtnisse des Miyamoto Musashi vorgestellt. Hier stelle ich eine Meditation zur Reinigung des Anfängergeistes meines geneigten Lesers vor.

Wo Schwäche und Bequemlichkeit sind, da begegne diesen mit Kraft.

Wo Richtungslosigkeit ist, da bestimme die Richtung.

Wo Spalterei und Zwietracht herrschen, da erzeuge Harmonie.

Wo Krankes und Giftiges entstanden sind, da bringe Heilung.

Wo sich Blindwütigkeit zeigt, erspüre die Witterung.

Wo Stumpfheit ist, da gebe Vorausschau.

Wo Enge herrscht, da öffne Zeit und Raum.

Wo Routinen eingefahren sind, da stifte Kreativität.

Wo Illusion ist, da bringe das Licht.

Anhang 2: fiib® Zen – Fundstücke Impulse Inspirationen Begleiter

Hier finden Sie meine persönliche Auswahl für Ihren weiteren Weg mit dem schärfsten Schwert des Geistes – Zen (Quelle: Buddhismus, M. Stürzer, Berlin 2006). Dabei ist Zen keine Religion und schon gar keine Buch-Religion. Alle ungezählten Bücher zu Zen sind eins.

Vorwegzuschicken ist auch, dass der Buddhismus als Begriff bei den Buddhisten gar nicht existiert. Er wurde im 19. Jahrhundert von Missionaren geprägt. In den entsprechenden Ländern gibt es gar keine klassifizierende Bezeichnung, weil es für die Praktizierenden eine individuelle Haltung ist und kein Gegenstand. Das liegt in der Lehre selbst begründet, die Offenheit für die Offenheit (keine Definitionen, sondern ein aktiver Weg) fordert:

1. Zen ist, die eigene Natur zu sehen. An nichts zu denken ist Zen. Alles was Du tust ist Zen. Zen ist das Schwert des Geistes (nach: Bodhidharma)

2. Nur mit Zen kannst Du außerhalb der Schranken (out of the Box) denken.

3. **Myokichijo**, oder *Monju Gosatsu* ist die älteste Bhodisattva Verkörperung und kommt direkt nach dem Buddha Shakjamuni. Sie stammt im Ursprung aus Indien und heißt dort Manjushri. Er ist sozusagen der Erste, der Prinz oder der Fürst. Er trägt in seiner rechten Hand das „Schwert der unterscheidenden Weisheit" und dem wohnt inne, dass es nicht in Dualitäten aufteilt, sondern der Weisheit Licht einen Weg durch die Dunkelheit von Illusionen öffnet. Praktiker rufen es mit dem Mantra „*Om Ah Ra Pa Tsa Na Dhi*" an. Auch **Fudo Mijo O** ist eine Inkarnation, die das Schwert und eine Schlinge trägt, um damit die Identifikation (Begriffsscheidung) und Fixierung (Anhaftung) aufzulösen.

4. *Bodhidharma,* Musashi malte ihn mit feinen Strichen, ein indischer Mönch, brachte Ende des 5. Jahrhunderts über China den Zen Buddhismus (Chan, in Korea: Son) nach Japan. Er war quasi der erste Patriarch des Zen. *Chan* wurde die wichtigste Schule Chinas. In Korea nennt man es *Son*.

Als das höchste namenlose dem Buddha Shakjamuni eine Blume reichte, lächelte Bodhidharma, der in der Nähe saß. Das war der Beginn des Zen (Chan).

Er brachte auch die Kampfkünste aus Indien erst nach China und dann nach Japan. Die musste er sich schon allein als Selbstschutz für seine lange und gefährliche Reise aneignen.

5. **Buddhaschaft** ist nichts, was man erwirbt, sondern ist eigentlich immer schon präsent. Von Deiner ersten Minute. „Hey, kleiner Junge. Ich komme zurück zu Dir."

6. Sechs Zen Praktiken für das Einswerden

   -Sitzen

   -Kalligrafie

   -Tee Zeremoniell

   -Blumen stecken

   -*Koan* Lehrstücke studieren

   -Kampfkünste

7. Sechs Arten von Bewusstsein bzw. Erfahrungen des Ichs als
   erkennbar nicht dauerhaftes Selbst

   -Sehen

   -Hören

   -Riechen

   -Schmecken

-Berühren

-mentale Erfahrung

8. Sechs Sphären für Karma

-Hölle

-Welt der Hungergeister

-Reich der Tiere

-Welt der Menschen

-Reich der eifersüchtigen Halbgottheiten

-Reich des paradiesischen Zustands

9. Acht weltliche Begebenheiten -Dharmas, die als Dualitäten den Praktiker gefangen halten:

-Besitz zu Armut

-Status zu Schande

-Zuneigung zu Ablehnung

-angenehme Gefühle zu unangenehmen Gefühlen

10. Drei Gefühls- und Gedankensphären, die Leid erzeugen:

-Unwissenheit

-Begehren

-Aversion

11. Vier Blockaden:

-Geistesgifte wie Unwissenheit, Begehren und Aversion

-Erfahrungen aus Sehen/Hören/Riechen/Schme-
cken/Berühren

-Angenehme Gefühle

-Angst vor der eigenen Vergänglichkeit

12. Drei Wurzeln des Üblen für Leid und negative Haltungen

   -Unwissenheit

   -Begehren

   -Aversion

13. Drei Siegel sind die Grundlage des Weges

   -Unbeständigkeit

   -Nicht-Selbst

   -vollkommene Stille

14. Vier unermessliche und unerschöpfliche Qualitäten

   -Güte

   -Mitgefühl

   -Mitfreude

   -Gleichmut

15. Vier Wahrheiten

-alles, was wir in der Welt erfahren, ist unvollkommen und leidvoll

-Die Ursache für diese Unvollkommenheit ist das Begehren und die Gier oder Begierde

-Alles Leid um uns können wir beenden, indem wir uns beherrschen und entsagen

-gehe einfach den edlen achtfachen Pfad: s. nächste Ziffer

16. Achtfacher Pfad

-Ethik

-Handeln

-Reden

-Lebenserwerb

Sammlung

-Bemühen

-Achtsamkeit

-Einsicht

17. Vier Verankerungen

   -Achtsamkeit für Deinen Körper

   -Achtsamkeit für Deine Gefühle

   -Achtsamkeit für Deinen Geist

   -Achtsamkeit für Alles

18. Fünf Richtlinien:

   -Leben schenken statt zerstören

   -Geben statt nehmen

   -Enthaltsamkeit

   -aufrecht sprechen

   -den Geist reinigen

19. Neun Schnitte des Ninpo (Kuji Kiri)

- -Kraft
- -Richtung
- -Harmonie
- -Heilung
- -Vorahnung
- -Wissen
- -Dimension
- -Kreation
- -Erleuchtung

20. Fünf Rezepte (nach M. Hatsumi, Essence of Ninjustu, New York usw 1988)

-Vergiss alles. Vergiss Trauer, Traurigkeit, Ärger, Rache und Hass

-bleib auf dem Pfad der Rechtschaffenheit

-lass dich nicht von Gier, Luxus und Deinem Ego vereinnahmen

-akzeptiere Deine Sorgen. Traurigkeit oder Hass als was dies alles ist

-Widme Deine Zeit und Deinen Geist vollkommen der Kampf-philosophie und dem Kampftraining

21. Wenn Du den Krug mit dem trüben Wasserfest hinstellst, dann wird der Dreck sich bald setzen. Das Gilt auch für Deine Illusionen während Du einfach sitzt/Zazen. (zit. Kodo Sawaki, 'Zen ist die größte Lüge aller Zeiten. Frankfurt 2005)

Hier finden Sie meine persönliche Auswahl zum Dao, dem Weg und dem Schwert, für Ihren weiteren Weg, dem **Daodejing**:

2. Wirklich Weise verdienen ihren Lebensunterhalt mit Non-Action, sie folgen wortlosen Lehren, alles was entsteht, dagegen führen sie keine Rede, sie erlauben allem zu wachsen ohne es zu besitzen, so erledigen sie ihre Arbeit, erwarten aber keine Belohnung dafür, sie schließen ihre Arbeiten ab und ziehen einfach weiter, genau das ist es, warum sie weiter ziehen, dass sie eigentlich niemals aufbrechen.

3. Die Regel der wirklich Weisen ist: **leere den Geist und füll Dir den Bauch, entspanne Deine Ambitionen und stärke Deine Knochen.** Das führt sie fort von (Ein-)Gebildetheit und Verlangen, und hält den wirklich Weisen davon ab, sich einzumischen. Handle ohne Handlung. Und diese Regeln bringen Ordnung in Alles.

5. Die wirklich Weisen versorgen niemanden – und behandeln alle unparteiisch. (...) Das ist der Platz zwischen Himmel und Erde: leer und doch unerschöpflich.

7. Die wirklich Weisen bleiben zurück, doch finden sie sich an der Spitze
wieder. Sie nehmen Abstand von sich, doch werden sie erhalten. Sie sind
ohne Selbst, und dadurch verwirklicht sich ihr Selbst.

8. [Die 9 Dao-Gutheiten] Es ist gut, auf festem Grund zu siedeln. Es ist
gut, tiefschürfend zu reflektieren. Es ist gut, andere freundlich zu behandeln. Es ist gut, gerecht zu führen. Es ist gut, effizient zu arbeiten. Es ist
gut, ohne zu zögern zu handeln. Und über all dem ist es gut, nicht gegen die
Natur zu handeln. So ist jeder frei von Fehlern.

13. Mit Ehrungen und Tadeln zu hadern bedingt Angst. Was heißt das? -
Ehrung degradiert jeden. Eine Rangstufe zu erreichen macht ängstlich.
Eine Rangstufe zu verlieren macht ängstlich. Das heißt es also. Was heißt
das? – Anhaftung an eine unveränderbare Identität ist eine Sorge. Der
Urgrund warum ich so stark leide ist der, dass ich so meinem Selbst

angeheftet bin. Ich war einst ohne Selbst. Was für eine Sorge erleide ich! Jemand, der sein Selbst für die Welt opfert, könnte mit der Ganzen Welt betraut werden. Jemand, der bereit ist, seinem Selbst ganz zu entsagen, könnte der Wächter der Welt sein.

18. Wenn das Dao vernachlässigt wird, kommen „Wohltaten" und „Justiz". Dann entstehen Gerissenheit und Selbstoptimierung. Da ist dann Gier und Heuchelei. Gemeinwesen und ihr Zusammenwirken verenden dann.

19. Entsage der Selbstgerechtigkeit und werfe Gerissenheit über die Bordwand. Davon werden Mitmenschen hundertfach profitieren., Entsage der Wohltäterei und dem Rechtswesen und die Mitmenschen werden wieder zum Mitgefühl zurückkehren. Entsage der Gerissenheit und dem Gewinnstreben, dann werden Diebe und Räuber verschwinden. Diese drei Dinge sind oberflächlich und unzureichend – aber meistere sie oder Du wirst von ihnen beherrscht. Anerkenne Geradheit und nähre natürliche Einfachheit. Vermindere das Ego und verkürze die Anhaftung, entsage der Gebildetheit und da wird keine Sorge mehr bei Dir sein.

21. Allumfassende Tugend zu leben kommt nur vom Dao. Im Dao ist das Bild. Im Dao ist der Gegenstand. Im Dao ist der Sinn. Im Dao ist die Wahrheit. Nur hierdurch offenbart sich der Urgrund von allem: Halt inne und sitz einfach. Nur dadurch weiß ich um alle Urgründe.

22. Die wirklich Weisen umarmen die Einsamkeit und werden doch zum Maß der ganzen Welt. Sie sind nicht von sich eingenommen, so erstrahlen sie. Sie machen keinen Wirbel um sich und doch werden sie anerkannt. Sie schneiden nicht auf und doch ehrt man sie. Sie machen keine Show und so halten sie durch. Genau deswegen stellen sie sich niemals gegen die Natur, so kann nichts in der Welt sich gegen sie stellen. Unsere Vorfahren sagten: Gib alles auf und werde perfekt. Das sind keine leeren Worte. Echte Vollkommenheit erreicht jeder, indem er sich umwendet.

25. Dao ist groß. Der Himmel ist groß. Die Erde ist groß. Die Menschheit ist auch groß. In der Mitten der Welt da sind **vier große Dinge** und das Menschliche Leben ist eines davon.

26. Schwer ist die Wurzel der Leichtigkeit. Stille ist der Meister der Rastlosigkeit. Die wirklich Weisen sind jeden Tag unterwegs. Sie hinterlassen niemals ihr Gepäck. Obwohl sie in beeindruckenden Örtlichkeiten ankommen, bleiben sie ruhig und unbeeindruckt. Wie kann ein Meister von 10.000 Streitwagen so leichthin bestehen vor den Menschen dieser Erde? Leicht zu sein, heißt die Wurzel zu lösen. Rastlos zu sein heißt seine Beherrschung zu verlieren.

27. Ein guter Reisender hinterlässt keine Spur. Ein guter Sprecher macht keine Fehler. Ein guter Buchhalter zählt und berechnet nicht. Ein Gutes Tor hat kein Schloss und doch kann niemand es öffnen. Ein guter Knoten braucht kein Tau. Dennoch kann er nicht gelöst werden. Wirklich Weise sind begabt, wenn sie sich um die Menschen kümmern. So wird niemand zurückgewiesen. Sie wissen immer Bescheid, wenn sie sich um Sachen kümmern, so werden Sachen niemals zurückgewiesen. Das nennt man die Erleuchtung zu praktizieren.

28. Kenne das Männliche und kenne auch das Weibliche. Werde zum Fluss dieser Welt. Werde zum Fluss dieser Welt und die Tugend des Dao wird Dich niemals verlassen. Dann kehrt auch die Unschuld zurück. Kenne das Weiße und kenne auch das Schwarze. Werde zum Meister der Welt. Zum Maß der Welt zu werden, kehre Dich nie von der Tugend des Dao ab. So kehrst Du in das Unendliche ein. Kenne das Licht und kenne auch die Dunkelheit. Werde zum Tal dieser Welt. Werde zum Tal dieser Welt und die Tugend des Dao wird Dir unerschöpflich sein, Dann kommt die natürliche Einfachheit zurück zu Dir. Wenn die Einfachheit der Natur in Scherben zerbirst, fügen die wirklich Weisen die Bruchstücke zusammen. Dann werde sie zu den führenden Kümmerern und dann ist die große Einfachheit ungeteilt.

29. Manche wollen die Welt vereinen, indem sie mit der Welt ihre Spielchen spielen doch ich erkenne, dass das zu keinem Erfolg führen kann. Die Welt ist ein geistiges Ding: Man kann damit keine Spielchen treiben. Solche Spielchen ruinieren alles. Wer zugreift verliert den Griff. Einige Menschen führen, viele folgen. Manche flüstern. Manche schreien. Manche

sind stark andere sind schwach. Manche zerstören. Manche werden dabei zerstört. Die wirklich Weisen entsagen den Extremen, entsagen der Extravaganz, entsagen dem Übermaß.

30. Führe die Menschen mit dem Dao. Beherrsche die Welt nicht mit Soldaten. Die Möglichkeiten damit bleiben immer begrenzt. Dornenbüsche gedeihen dort, wo Soldaten stationiert waren. Die Folge ist davon, dass Hungersnöte entstehen. Die wirklich Tüchtigen halten da inne, wo sie etwas erreicht haben. – Wenn sie mit Machtmitteln etwas erreichen wollen, erreichen sie ihr Ziel nur, wenn sie der Überheblichkeit entsagen, sie erreichen es nur ohne Angeberei und Stolz. Wenn sie so etwas auf diese Weise erreicht haben, bedauern sie, dass es nicht anders möglich war.

31. Selbst der beste Soldat ist ein schlechtes Omen. Das liegt daran, dass seine Mittel bei allen abgelehnt werden. Jemand, der dem Dao folgt, wendet sich von ihm ab. Seine Werkzeuge stehen denen eines Weisen gegenüber. Das Abschlachten von Vielzahlen erzeugt nur Leid und Klagen. Der Sieg im Krieg wird doch eigentlich nur mit Begräbnissen gefeiert.

32. Wenn Ordnungen erstellt werden gibt es dafür Namen. Wo Namen erzeugt werden, wisse, dass es dann an der Zeit ist, inne zu halten. Wo darum gewusst wird, inne zu halten, da ist keine Gefahr. Denn das Dao bewegt die Welt so wie die Flüsse in das große Meer fließen.

33. Andere zu kennen ist gerissen, sich selbst zu erkennen ist erleuchtet. Andere zu erobern zeigt Stärke, aber sich selbst zu erobern ist wirklich machtvoll.

34. Daos Worte sind flach und ohne Geschmack. Daos Bildnis ist nicht wahrnehmbar. Daos Zeugnis ist nicht hörbar. Daos Bestimmung ist unerschöpflich.

42. Dao gebiert das Eine. Das Eine gebiert die zwei. Die zwei gebiert die drei und die drei gebiert alle Dinge dieser Welt. Alle Dinge tragen das Ying und umarmen das Yang. Beide zu verschmelzen gebiert die wirkliche Harmonie. (...) Was ich lehre, lehrten schon andere. Gewalttätige und aggressive Menschen sterben elend. Das ist der Vater aller meiner Lehren.

47. Die wirklich Weisen wissen ohne umherzuschwirren. Sie schauen nicht und doch sehen sie. Sie erreichen ihres ohne zu handeln.

50. Wenn wir geboren werden, gehen wir dem Tod entgegen. Drei von zehn Menschen folgen dem Leben. Drei von zehn weiter folgen dem Tod. Weitere drei von zehn hecheln nach dem Tod, indem sie dem Leben so anhängen. Sag Du mir, warum das so ist. Ich höre von denen, die ein gutes Leben führen: während sie in den Hügeln wandern, treffen sie weder Tiger noch andere gefährliche Tiere. Sie stolpern nicht in die Mitte einer Schlacht. Sie tragen weder Rüstung noch Waffen, ein wildes Tier findet keine Stelle, sie zu verletzen. Ein Tiger findet keinen Platz, wo er seine Kralle hineinschlägt. Krieger finden keine Stelle, ihre Klingen anzusetzen. Sag Du mir, wie das möglich ist. - Das ist, weil in ihnen kein Platz für den Tod ist. (51.) Das Dao erzeugt diese Menschen. Das Dao führt sie zur Tugend. Die Materie formt diese Menschen, die Lebensumstände vervollkommnen sie. Ausnahmslos alles wertschätzt das Dao und verbirgt Daos Tugend darin wie einen Schatz. Dao ist Edelmut und der wahre Wert der Tugend entsteht ohne irgendjemandes Befehl. Die Natürlichkeit bleibt

dabei konstant. Das Dao erzeugt diese Menschen, die Tugend des Dao formt sie, lässt sie wachsen und nährt diese Menschen, das Dao behütet diese Menschen und lässt sie reifen. Das Dao schützt die Menschen. Das Dao erweitert diese Menschen doch besitzt es sie nicht. Das Dao tut dies ohne eine Belohnung zu erwarten. Das Dao führt ohne zu kontrollieren. Das nennen wir die tiefschürfenste Tugend.

52. (...) Auch die schwachen Signale wahrnehmen zu können, nennen wir erleuchtet.

53. Das Dao ist sehr sanft, aber die Leute ziehen harte Regeln und Traditionen vor. Ihre Paläste mögen beeindruckend sein, ihre Felder gut bestellt. Sie mögen elegante Kleider tragen und prächtige Waffen tragen während sie in Speisen und Getränken schwelgen. Doch überbordenden Reichtum zu haben ist nichts als Diebstahl und Prahlerei – leider. Da(s) ist nicht das Dao.

54. Eine gute Wurzel kann nicht einfach gezogen werden. Ein guter Griff kann nicht einfach gelöst werden. Bewahre dies in deinem Inneren und

Daos Tugend wird unerschöpflich für Dich. Bewahre das in Deinem Zuhause und Daos Tugend wird darin sein. Bewahre dies in Deinem Ort und Daos Tugend wird dort ewig sein. Bewahre dies in Deinem Land und Daos Tugend wird dort allerorten schwirren. Bewahre dies an jedem Ort und Daos Tugend wird alles durchdringen. Betrachte das Selbst als Selbst, das Haus als das Haus, den Ort als den Ort, Dein Land als Dein Land und sieh die Welt einfach wie sie ist. Woher weiß ich, dass das so gut ist? **Einfach weil ich innegehalten habe und mich hingesetzt habe.**

55. Gegen das Dao anzugehen bedeutet ein jähes Ende.

56. Die wirklich weise sind, sprechen nicht. Die sprechen sind nicht wirklich weise.

57. Die ganze Welt ist vereinigt, wenn das Manipulieren aufhört. Woher ich das weiß? **Weil ich innegehalten habe und mich hingesetzt habe.** Je mehr Regeln und Einschränkungen in der Welt sind, umso ärmer werden die Leute. Je schärfer die Waffen gemacht werden, umso unregierbarer wird das Land. Je gerissener die Leute werden, umso mehr Betrug geschieht.

Je mehr Regeln und Befehle erteilt werden, umso mehr Räuber und Diebe erscheinen. Die wirklich Weisen sagen uns: Ich handle nicht - darum ordnen sich die Leute. Ich gebe Platz für Ruhe - darum können sich die Menschen anpassen. Ich mische mich nicht ein, und darum können die Menschen zu Wohlstand gelangen Ich hafte nichts an und so können die Menschen zu einer natürlichen Einfachheit zurückkommen.

61. Große Länder wollen nur Gebiete angliedern und die Menschen zusammentreiben. Ein kleines Land will dagegen nur seinen Menschen dienen. Und beide erreichen, was sie anstreben.

60. Ein großes Land zu regieren ist wie einen kleinen Fisch zu braten. Lenke die Welt mit dem Dao. So haben die dunklen Mächte keine Chance.

63. Handle ohne zu handeln. Tu ohne etwas zu tuen. finde sogar Geschmack in etwas, das ohne Geschmack ist. Ob groß ob klein ob viele oder wenige, wenn etwas nicht in Ordnung ist, behandele es mit Tugend.

Kümmere dich um das Schwere solange es noch einfach ist. Der Welten Schwierigkeiten entwachsen immer den einfachsten Dingen.

64. Unternimm etwas bevor etwas entsteht. Leite bevor etwas zu Ärger wird. Ein Baum, so groß er ist, entwächst einem kleinen Saatkorn. Ein neun Stockwerke hohes Haus war mal ein Erdhügelchen. Eine lange Reise begann dort, wo die Füße einmal standen.

65. Es ist unmöglich, Menschen zu regieren, weil sie immer einfache Klugheit besitzen. Ein Land aber mit Gerissenheit zu regieren bedeutet den Ruin für das Land. Ein Land ohne Gerissenheit zu regieren führt aber zu dem Wohlerblühen dieses Landes. Wer diese Balance verstanden hat kennt die ewige Regel des Himmels.

66. Wer niemals gegen die Natur aufbegehrt, gegen den begehrt nichts in der Welt auf.

67. Ich habe drei Schätze, die ich bewahre und ehre: Den einen Schatz nenne ich **Mitgefühl**. Den zweiten meiner Schätze nenne ich **Maßhaltigkeit**.

Den dritten nennt man **Bescheidenheit**. Wer Tapferkeit ohne Mitgefühl sucht, wer Großzügigkeit ohne Maßhaltigkeit sucht, wer Führung ohne Bescheidenheit sucht, der findet ein fatales Ende.

69. Unter den Kriegern gibt es eine Redewendung, die besagt: ich wage nicht, ein Führer zu sein – ich handle lieber wie ein Gast. Ich wage, nicht ein Stück vorzurücken, noch einen Fuß zurückzuweichen. Das nennt man dann Bewegung ohne Bewegung. Ausstrecken ohne zu zwingen. Entgegenstellen ohne anzugreifen. Gewinnen ohne den Einsatz eines Kriegers. Es gibt nichts Fataleres als sich den Gegner zu leicht zu denken. Das stellt alles was ich habe in Gefahr. In der Schlacht gewinnen die Achtsamen.

71. Zu wissen, dass man nichts weiß, ist edelmütig. Denn nichts zu wissen und dann angestrengt nachzudenken, das ist krank.

72. Wenn Menschen keine Angst vor Verletzungen haben, werden sie verletzt. Beschränke nicht das Leben anderer Menschen. Unterdrücke nicht ihre Art zu leben. Nur wo jemand unterdrückt, da ist Unterdrückung,

Darum wissen die wirklich Weisen um ihrer selbst - aber schneiden damit nicht auf. Liebe dich selbst - aber mach daraus keinen Staatsakt.

73. Derjenige, der Wagemut zeigt indem er Risiken eingeht, wird sterben. Derjenige der Wagemut zeigt ohne Risiken einzugehen wird leben. Manche Dinge schützen andere schaden nur.

77. Der himmlische Weg ist wie einen Bogen zu spannen. Die Spitze kommt herunter und das untere Ende kommt hoch. Das was lang war, wird vermindert und das Kurze wird gestärkt. Das Dao des Himmels macht alles, was groß ist, klein und unterstützt überall, wo etwas fehlt.

79. Der Weg des Himmels ist ohne Vorlieben. Dennoch ist er immer auf der Seite des Guten.

81. Ernste Worte sind niemals schön. Schöne Worte sind niemals ernst. Gute Menschen rechten nicht herum. Argumente sind nicht gut. Weisheit erringt man durch Lernen – Lernen ist aber keine Weisheit. Die wirklich Weisen häufen nichts an. Je mehr sie für andere tun, um so mehr werden sie

haben. Je mehr sie mit anderen teilen umso mehr erhalten sie. Der Weg des Himmels tut nur wohl und verletzt nicht.

Der Weg des wirklich Weisen ist, sich nicht gegen die Natur zu stellen.

Anhang 4: fiib® Gita – Fundstücke Impulse Inspirationen Begleiter

Hier finden Sie meine persönliche Auswahl für Ihren weiteren Weg mit dem **Bhagavad Gita.** Das ist die wohl älteste Quelle (Easwaran, The Bhagavad Gita, Toronto, 2019). Darin erzählt ein Seher dem blinden König was sich zutrug.:

1. Und Arjuna, der zwischen beiden Gegnern stand, sah Väter, Großväter, Lehrer, Onkel und Brüder, Söhne und Enkel, Verschwägerte und Freunde. Als er sie dort auf den gegnerischen Seiten sah, übermannte ihn Sorge.

2. Arjuna: (...) *Und mit der Verlockung der Frauen ist die Gesellschaft ins Chaos gefallen. Soziales Chaos ist die Hölle für Familien und auch für jene, welche die Familien zerstört haben. Das zerschneidet den Prozess geistiger Evolution, die unsere Vorfahren dereinst angefangen haben.*

3. Und er warf seinen Bogen und seine Pfeile fort, setzte sich in seinen Streitwagen inmitten des Kampfplatzes.

4. Krishna: *Wie bist Du in so einen Zustand gekommen, der so weit ent-fernt ist von Deiner Befreiung. (...) Erhebe Dich mit einem mutigen Herzen und zerstöre das Feindliche.*

5. Krishna: *Wirklich Weise trauern weder um die Lebenden noch um die Toten. (...). Wirklich Weise lassen sich von keinerlei Entwicklungen ab-lenken. (...) Erfahrungen kommen und gehen. Ertrage sie geduldig, Ar-juna. (...) Du hast Dich nie verändert. Du kannst Dich niemals verän-dern. (...) Das Selbst kann weder von Waffen gestochen noch vom Feuer verbrannt werden, Wasser kann es weder benetzen, noch kann der Wind es austrocknen. (...) Das Selbst ist unmanifestiert, jenseits aller Gedankenerfassung und jenseits allen Wandels. Weil Du das doch weißt, solltest Du nicht so traurig sein. (....) Der Tod ist unaus-weichlich für die Lebenden. Die Geburt ist unausweichlich für die To-ten. (...) Für einen Krieger wie Dich gibt es nichts Erhabeneres als sich gegen das Böse zu stellen. (...) Und wenn Du nicht gegen das Böse kämpfst, begehst Du eine Sünde, verletzt Deine natürliche Bestim-mung und entehrst Dich selbst.*

Höre die Grundsätze der Einheit. Wenn Du die praktizierst und umsetzt, kannst Du Dich befreien. (...) Da sind ignorante Leute, die blumig sprechen und sich am Buchstaben von Gesetzen erfreuen. Sie behaupten darüber hinaus gibt es nichts. Doch ihre Herzen sind voll von selbstsüchtigen Begierden. (...) Schriften sind von wenig Nutzen für den erleuchteten Menschen. (...) Tu was Du tun musst in dieser Welt, Arjuna, sei ein Mann, der in sich selbst gefestigt ist. (...) Widme Dich der Einheit in all Deinen Taten. (...) Wenn Dein Geist die Verwirrung der Dualitäten überwunden hat, wirst Du in einen Zustand der unbefleckten Gleichmut gelangen. (....)(Dein Geist ist vollständig eins geworden und Du bist im vollkommenen Zustand der Einheit. (...) Alle die dieses so leben, leben in Weisheit, die sich selbst in allem und alles in sich selbst sehen und die der Selbstsucht entsagt haben. (...) Gebrauche all Deine Kraft, um Dich von den Sinnen, Anhaftungen und Abneigungen loszumachen und lebe in der vollen Weisheit Deines Selbst. (....) Brich aus dem Ego-Käfig von immerwährenden „Ichs", „Mir" und „Meine" aus., um mit dem Allerhöchsten vereint zu sein.

6. Krishna: (...) *Jemand, der sich vor dem Werk drückt, wird keine Freiheit erreichen; niemand kann Vervollkommnung erreichen, der der Arbeit entsagt. (...) Erfülle Deine Pflichten, Tun ist besser als Unterlassen. (..) Jeder, der sich an Dingen erfreut, für die er nichts getan hat oder andere hat tun lassen, der ist ein Dieb. Und die im Geiste der Einheit handelnden die nur in dem Geist eines rechtschaffenen Dienstes an anderen essen, die werden freikommen – aber die Egoisten und Selbstoptimierer, die beim Essen nur an sich selbst denken, die Essen die Sünde.*

(...) Bemühe Dich nur und dauerhaft um das Wohlergehen der Welt, damit erreichst Du den höchsten Zweck Deines Lebens. (...) Wenn ich die Arbeit einstelle, bin ich die Ursache für kosmisches Chaos und da-mit der Zerstörung dieser Welt und aller Menschen darauf. (...) Führe all Deine Arbeit mit Achtsamkeit aus und lasse Dich dabei vom Mitge-fühl mit den anderen leiten. (...)

Es ist auch besser, nur in seinem eigenen Lebensbereich alle Anstren-gung zu unternehmen als in jemandes anderen Lebensbereich. Das

Einmischen in jemandes anderen Lebensbereich erzeugt nichts als Angst und Unsicherheit.

7. (...) Die wirklich Weisen erkennen dass inmitten von Untätigkeit doch Tätigkeit ist und inmitten der Tätigkeit auch Untätigkeit. Denn ihr Bewusstsein ist geeint und jede Handlung führen sie in vollem Bewusstsein aus. (...) Selbst während sie etwas tun, tuen sie eigentlich gar nichts. (...) Sie leben in solcher Freiheit, die über die Dualitäten im Leben hinausgehen. (...) Sie erbringen all ihre Arbeit im Geiste eines Dienstes. (...) alle aber, die nicht einen Dienst in dieser Welt erbringen wollen, sind ohne eine Heimat in dieser Welt. (...) Die Ignoranten verschwenden ihr Leben. (...) Die ihr Selbst aber und auch ihre Anhaftungen abgeschüttelt haben, leben in Freiheit. Arjuna, schneide den Zweifel in Deinem Herzen mit dem Schwert geistiger Weisheit durch. Erhebe Dich! (...)

8. Krishna: (...) Der Pfad der Tüchtigen ist besser als der Pfad der Entsagenden Asketen. Die nämlich die sich vollkommen losgesagt haben, sind unbekümmert von Likes und Dislikes, sie sind frei von der Fessel

der Selbstverhaftung. Nur Unreife denken, dass Denken und Handeln zweierlei sind. Die wirklich Weisen wissen, dass sie eins sind. Das Ziel von Wissen und das Ziel von Diensten ist eins. Die das nicht erkennen sind blind.

(...) Die den Weg des Dienstes beschreiten, die sich komplett gereinigt haben und ihre Sinne wiedergewonnen haben, sie sehen ihr Selbst in Allem und alles in ihrem Selbst und sie sind auch unbekümmert von allem was sie tun. (...) Die sind wie der Lotus, der unbeschmutzt und trocken auf dem schmutzigen Wasser aufschwimmt. Sünde kann ihnen nichts anhaben. (...) Sie leben zufrieden in der Stadt mit den neun Toren. Das Allerhöchste hat weder den Handlungssinn, noch die Handlungen oder die Verbindung von Ursache und Wirkung in der Hand. Das alles kommt aus der Natur. Daher nimmt das Allerhöchste auch keinen Anteil daran -weder an guten noch an schlechten Taten von irgendjemandem oder irgendwas. (...)

Die Wirklich Weisen stehen allem mit gleicher Anteilnahme gegenüber. (...) Freud und Leid in dieser Welt der Sinne haben alle einen Anfang und ein Ende und geben damit den Anstoß für das Elend. (...)

Die wirklich Weisen schließen ihre Augen, sie beruhigen ihren Atem, sie konzentrieren sich im Inneren, sie meistern ihre Sinne und ihren Geist und ihre Verstandeskraft durch Meditation. (...) Befreit von eigennütziger Begierde, Angst, Ärger leben diese wirklich in vollkommener immerzeitiger Freiheit. (...)

9. Krishna: (...) Einheit ist kein Zustand, sondern ein konstanter kontinuierlicher Weg. (...) Die sich wirklich in den Griff genommen haben (...) sind gleichermaßen eingestellt zu Familie, Feinden und Freunden, denen gegenüber auch, die sie unterstützen und die ihnen feindschaftlich begegnen, gegenüber dem Bösen und dem Guten gleichermaßen. Weil sie so unparteiisch sind, steigen sie zu ungeahnten Höhen auf. (...) Sie praktizieren die Auf-einen-Punkt-Gerichtetheit, und sind frei von Erwartungen und Anhaftung an irgendwelchen Tand. (...) Mach Deinen Geist auf-einen-Punkt-gerichtet, (...) indem Du meditierst. Sitze in Meditation mit mir, dem Unfassbaren, als Deinem einzigen Ziel. (...9 Denn die sich beim Essen mäßigen, beim Schlaf, bei der Arbeit und

der Erholung werden zum Ende der Sorgen und Lasten durch Meditation kommen. (...) So erreichen sie den Zustand der Einheit. (...) Sieh alles an mit einem gleichmessenden Auge. (...) Wenn jemand auf die Freuden und Sorgen anderer schwingt als wären es seine, der hat den höchsten Stand der Einheit erlangt.

Arjuna: (...) Das zu versuchen, ist wie zu versuchen, den Wind zu zähmen.

(...) Krishna: Das zu versuchen, gutes zu tun wird niemals zu einem schlimmen Ende kommen, weder auf der Erden noch sonstwo.

10. Krishna: Verwirrung entsteht aus der Zweiheit von Anziehung und Abstoßung, Arjuna, jedes Lebewesen ist dadurch seit seiner Geburt verwirrt. Aber die sich befreit haben und in mir vereint sind, die sind auch frei von der Verwirrung durch alle Gegensatzpaare.

11. Krishna: (...) Wenn Du Deinen Geist auf einen Punkt bringen kannst durch regelmäßige Übung und auch Praxis, wirst Du zur allerhöchsten Freude des Allerhöchsten finden. (...) Die Silbe Om steht für das Unveränderliche. (...)

Die sechs Monate auf dem nördlichen Weg der Sonne sind der Pfad des Lichts, des Feuers, des Tags, der Helligkeit, die den Wissenden auf dem Pfad zum Allerhöchsten begleiten. Die sechs Monate auf dem südlichen Pfad der Sonne sind der Pfad des Rauchs, der Nacht, der Dunkelheit, die andere Seelen auf den rechten Pfad führen können. Beide Pfade, Licht und Dunkel, sind ewiglich, und sie führen manche zur Befreiung und andere zur Wiedergeburt. (...)

12. (...) Krishna: Die dem Pfad der Weisheit folgen sehen, dass da eins ist und das eine bin ich; und wo viele sind, sind alle auch ich, sie sehen mein Gesicht überall. (...) ich non die Summe allen Wissens, der Reiniger, die Silbe Om das bin ich ich bin alle heiligen Schriften und Wahrheiten. (...) ich bin die einzige Zuflucht und der eine wahre Freund. (...) Ich bin Hitze: Ich gebe und halten den Regen zurück. Ich bin unvergänglich und ich bin auch der Tod. Ich bin was ist und was nicht ist.

13. (...) Krishna: Wo immer Dir Stärke, Schönheit oder Geisteskraft begegnen, sei versichert, dass dies einem Funken meines Wesens entsprungen sind.

14. (...) Krishna: *Manche erkennen das innere Selbst durch Meditation, andere durch den Pfad der Weisheit und andere wieder durch selbstlosen Dienst. Manche wissen gar nichts über diese Möglichkeiten, doch wenn sie davon auch nur irgendetwas hören und befolgen gehen sie über den Tod und das Ende hinaus.*

15. 15. (...) Krishna: *Wenn Reinheit überwiegt, scheint das Licht der Weisheit durch jedes Tor Deines Körpers. Von Reinheit kommt das Verstehen. Von Leidenschaft kommt die Gier. und aus der Ignoranz kommt nur weitere Verwirrung und noch mehr Ignoranz. Die in Reinheit leben, heben sich. Die aber in Leidenschaften leben, bleiben stehen und die in Ignoranz leben, die versinken.*

16. (...) Krishna: *Da ist ein Baum. Der existiert in seiner Umkehrung mit den Wurzeln nach oben und dem Blattwerk nach unten. Die Äste werden von Reinheit, Leidenschaft und Ignoranz genährt. Sinnesobjekte hängen an Zweigen und die herabhängenden Wurzeln binden uns in unserem Tun auf dieser Welt. Was dieser Baum wirklich ist, erkennt auf dieser Welt niemand. Aber schlage diesen Baum mit der scharfen Axt*

der Enthaftung für Dich nieder, dann finde den Pfad der dich nie wieder dahin zurück führt.

17. ... Krishna: *Sei furchtlos und rein, steck niemals auf in deinem Weg zu geistiger Befreiung, gib freimütig, sei selbstzüchtig, ernsthaft, wahrhaft, liebevoll, voll von Dienstwilligkeit, lerne zu entsagen, und freue Dich an Abstinenz, werde nie zornig und tue niemand etwas zu leide, sei mitfühlend und ruhig, zeige dich allen gutwillig, entwickle Durchsetzung und Geduld, deinen Willen und Reinheit, vermeide Boshaftigkeit und Stolz, dann, Arjuna, wirst Du Deine allerhöchste Bestimmung erreichen.*

(...) alles andere wie Heuchelei, Arroganz, Verleitung, Ärger, Grausamkeit und Ignoranz macht einen Menschen nur inhumaner. (...) Heuchler, Stolze, Arrogante leben alle in der Verwirrung und hängen an verwirrten Ideen, sie sind unersättlich in ihren Begierden, und sie verfolgen damit nur ihr unsauberes Ende. (...) Es gibt drei Tore zu der Hölle der Selbstzerstörung: Lust, Ärger und Gier. Entsage den dreien. (...) darum lass, was aufgeschrieben steht, Dein Leiter sein in allem was Du tust und was du nicht tust. Verstehe die Lehren darin und dann handle nach denen.

18. Krishna (...) : *Das sind meine letzten Worte an Dich (...) teile dies nicht mit jemandem, dem es an Hingabe und Selbstzucht fehlt.*

19. Sanjaya (der Seher) : *(...) ich habe das höchste Geheimnis der Geistigen Einheit mit angehört. Direkt vom Allerhöchsten selbst.*

Anhang 5: fiib® Musashi– Fundstücke Impulse Inspirationen Begleiter

Hier finden Sie meine persönliche Auswahl für Ihren weiteren Weg mit dem meisterlichen Lebenswerk des Kensai, Miyamoto Musashi:

Aus dem Go-rin-no-sho (5 Rollen) – 1. Rolle: Erde

1. Um mit etwas anzufangen, der Begriff *Bunbu-nido* (die zwei Wege der Literatur (Geido) und der Kriegskunst (Heiho)) eröffnet, dass ein Krieger das Verlangen haben sollte beide Künste zu beherrschen: Gelehrtheit und Kampfkunst (Schwert und Feder im Einklang).

2. Betrachtet man das Ganze, gibt es vier Wege. Den für den Samurai, den für den Bauern, für den Handwerker und den für den Händler.

3. Der Grund, dass meine Lehre *nito* heißt ist, dass alle Krieger, vom General bis zum Offizier verpflichtet sind, zwei Schwerter (*nito*) im Gürtel zu tragen. Früher hießen diese *Tachi* und *Katana*. Heute heißen sie *Katana* und *Wakizashi*.

4. Darum ist in meiner Lehre ein Mann so viel wert wie Zehntausend.

5. Für denjenigen, der meine Grundsätze der Strategie lernen möchten, befolge diese Regeln, wenn Du dem Weg folgst:

-Denk nicht daran, vom Weg abzukommen

-Trainiere ohne Unterlass diesen Weg

-Mach Dich mit allen Künsten vertraut

-Kenn die Wege aller Berufe

-Erspüre die Wahrheit in allen Dingen

-Siehe in allen Dingen ihren innewohnenden Wert

-Nimm wahr und wisse, was nicht mit den Augen gesehen werden kann

-Sei achtsam auch hinsichtlich kleiner Dinge

-Widme Dich keiner überflüssigen Tätigkeit

6. Die fünf Grundhaltungen unseres Weges sind die Obere (Jodan), die Mittlere (Chudan), die Untere (Gedan), die Linke (Hidari-waki) und die Rechte (Migi-waki). (...) Es gibt keine weiteren außer diese.

Aus dem Go-rin-no-sho (5 Rollen) – 3. Rolle: Feuer

7. „Dein Gegner zu werden" heißt, Dich an seine Stelle zu versetzen. (...) Wir neigen dazu, den Gegner zu überschätzen. Doch wenn wir uns in seine Lage versetzen, verstehen wir, dass er denken muss, dass die ganze Welt gegen ihn ist. Ohne Ausweg ist er wie ein Fasan im Käfig. (...) Selbst in großangelegten Strategien gibt es eine Neigung, dass die gegnerischen Kräfte stark sind. Das führt sicher zu einem vorsichtigen Herangehen. Aber da gibt es wenig, dass Dich kümmern muss, wenn Du eine Menge guter Leute hast und die Grundsätze der Strategie verstanden hast.

Aus dem Go-rin-no-sho (5 Rollen) – 4. Rolle: Wind

8. Strategie zu meistern bedingt, auch die Wege anderer Denkschulen (*Kenpo*) zu verstehen. (...) Es wird sonst schwierig, meine Schule zu verstehen. (...) Ich werde aufzeigen, dass andere Schulen weit vom Weg abgekommen sind. (...) Studiere alles gut, damit Du die Logik hinter meiner Schule *Nito Ichi-ryu* verstehst.

Aus dem Go-rin-no-sho (5 Rollen) – 5. Rolle: Leere

9. Während Du den Weg studierst, wird sich die Leere für Dich öffnen:
   -In der Leere gibt es nur Gutes aber kein Böses
   -Da ist die Weisheit
   -Da ist Vernunft
   -Da ist der Weg selbst
   -Der Geist, leer.

Aus dem Heidokyo

10. Der direkte Weg (Jikitsu-no-kurai, Durchmarschieren oder Durchbrechen) ist die Seele des Zweikampfes. Alle Lehren, die ich ausgebreitet habe, sind wie die Teile eines menschlichen Körpers. Es braucht nichts weiter. Sie dürfen nie außer Acht bleiben. Abhängig von der Lage kann es auch Zeiten geben, in denen einige Techniken nicht angemessen sein werden. Doch nichts wird funktionieren ohne sie in Deinem Repertoire. (...) Reinige Dich von jeder Angst und wenn Du den Zeitpunkt für den einen entscheidenden Streich des Jikitsu spürst, lass alle Kraft Dich durchströmen für diesen einen Streich. (...) Wenn wir vom Innersten (dem innersten Wirkwerk) sprechen, gibt es nichts Tieferes als dies: Das Innerste ist nicht das Innerste. Das Tor ist nicht das Tor. Es braucht keine geheimen Leeren dazu, wenn alles Wissen der Strategie durch Dich strömt und Dich ausfüllt.

Aus dem Heiho Sanjugo-Kajo

11. Ich nenne dies den Weg der zwei Schwerter, da wir mit einem Schwert in jeder Hand trainieren. (...) Ein Schwert fühlt sich erstmal schwer an, doch später wirst Du es ganz unbeschwert führen können. In Alltags-begriffen wird der Seemann auch stärker, wenn er Ruder und Steuer bedient. Der Bauer gewinnt seine Kraft, wenn er Pflug und Egge führt. Du wirst stärker, wenn Du das Schwert aufnimmst.

12. Die „lebendige Hand" ist eine, die sich zu jeder Zeit in Harmonie mit dem Schwert bewegt und damit fest wird und leichthin schlägt. Das nennen wir die *Lebens-Hand*.

13. Die Grundhaltungen sind unser Alltag. Sie sind unser Alltagshaltun-gen im Zweikampf.

14. Unser Geist sollte weder schlaff sein noch übermäßig aufgeregt. Er soll nicht forsch werden aber auch nicht ängstlich. Unser Geist ist ge-rade und will sich ausdehnen mit dem Herzen der Absicht (*In-no*

kokoro) und dem Herzen der Wahrnehmung (*Shin-no-kokoro*). Unser Geist ist wie das Wasser, er ist immer in der Lage, auf Veränderungen zu reagieren und sich anzupassen.

15. Du solltest über Deinen Körper denken, als wäre er der Deines Gegners. Ob er Lücken hat oder eine mächtige Kraft ist, oder er ein wirklicher Meister ist, Du musst die Schwierigkeiten denken können, die in seinem Kopf umgehen. Kannst Du seine Verwirrung nicht vorahnen, wirst Du seine Schwächen als Stärken missverstehen, einen Stümper als Meister betrachten, eine kleine Heerschaar als Riesenaufgebot sehen und dem Gegner Vorteile verschaffen, wenn er eigentlich gar keine hätte. Werde also Dein Gegner.

16. Verhaltener Geist (*Zanshin*) und Frei(gelassen)er Geist (*Hoshin*) müssen den Umständen entsprechend eingesetzt werden, so wie es die Lage gebietet. Stellst Du Dich auf, ist das grundsätzlich die Zeit, das Herz der Tat (*In-no-kokoro*) schlagen zu lassen und das Herz der Wahrnehmung (*Shin-no-kokoro*) zurückzunehmen.

Wenn Du aber einen Streich ausführst, musst Du sofort das Herz der Wahrnehmung schlagen lassen und das Herz der Absicht zurücknehmen.

17. Strategie (Heiho) ist ein Weg. (...) Der Sieger ist immer schon bestimmt, bevor überhaupt die Auseinandersetzung beginnt, Du musst also den Beginn nicht abwarten. (...) Wenn Du in einen schwierigen Zwist gezogen bist, warte bis die richtige Zeit da ist. (...) Es gibt keine zwei Wege. (...) Ich habe meinen Geist allein in den Weg der Strategie getaucht, ich habe meine tiefsten Gedanken im Training geschliffen und das für eine sehr lange Zeit. So meisterte ich diesen Weg.

18. Der Kämpfer muss immer zwei Schwerter führen. Darum ist es unerlässlich zu wissen, wie man beide führt. Das ist wie Sonne und Mond am Himmel. Und die fünf Haltungen sind wie ein Fünfgestirn am Himmel, Jupiter, Mars, Venus, Merkur und Saturn, die um den Nordstern gruppiert sind.

19. Wenn ich in einen Kampf einsteige, ziehe ich sogleich beide Schwerter. Habe ich nur ein kurzes Schwert, nehme ich das. Habe ich nicht einmal das, nehme ich die bloßen Hände. So oder so werde ich siegreich sein.

20. Vermeide Vorverurteilungen und stütze Deine Aktionen nur auf die rechte Zeit und die Lage, dabei halte Deine Mitte, damit Du auf alle Lagen freimütig reagieren kannst. Die Mitte ist der „universell richtige Weg". Die Mitte ist, worauf all meine Lehren stehen.

21. Wenn Du alles verstanden und gemeistert hast, egal ob Du gegen Zehntausend stehst oder gegen eine Festung. (...) Die Schwertkunst ist in der Tat ein großartiger Weg, der auf alle Dinge angewendet werden kann. (...) Reinige Dich von irrigen Ideen., trainiere Tag für Tag für Tag, um Dein Meister zu werden, eine mystische Kraft wird Dir beistehen. (...) Mein Weg wird allein durch den Geist beherrscht und damit kann der Körper alles ausführen. Du wirst ein Meister für die Ewigkeit. (...) Dieser Weg soll nur so gedacht werden: **Es gibt nur ein ernsthaftes Herz und einen direkten Weg.**

Sämtliche Auswahl in diesem Anhang habe ich „*The Complete Musashi*" von Alexander Bennett, Tokyo 2020, entnommen und frei übersetzt.

Verwendete Bücher

THE COMPLETE MUSASHI, Alexander Bennett, ISBN: 978-4-8053-1616-0

THE BHAGAVAD GITA, Eknath Easwaran, ISBN: 978-1-58638-019-9

ESSENCE OF NINJUTSU, Masaaki Hatsumi, ISBN:978-0-80-924724-0

SHADOW SPIRITUALITY, Don Roley, ISBN: 9798500521514

THE LIFEGIVING SWORD, Yagyu Munenori, ISBN: 978-1-59030-990-2

ZEN IST DIE GRÖßTE LÜGE ALLER ZEITEN, Kodo Sawaki, ISBN: 3-936018-30-8

ZEN TRAINING, Katsuki Sekida, ISBN: 978-3-451-05936-0

BUDDHIUSMUS, Michael Stürzer . ISBN 978-3-89620-294-9

THE UNFETTERED MIND, Takuan Soho, ISBN: 978-1-59030-986-5

DAODEJING, Joseph Walden, ISBN: 978-1-105-73610-0

HAGAKURE, Yamamoto Tsunetomo, ISBN: 978-3-89996-582-7

Der Autor

Gerald Marimón ist Rechtsanwalt, Autor, Speaker, Coach, Trainer und war lange Jahre im Bereich Konzern-Strategie tätig. Seit vielen Jahren beschäftigt er sich mit Zen, Dao sowie fernöstlichen Kampfkunst- und Führungstechniken.

Lesetipp

fiib it! - Diese Geschichte ist eine Firmengeschichte. Aber keine gewöhnliche. Es geht um Detox, Organigramme, Parabeln, Sanduhren. Es geht um Performance, Restart und die Next Gen. fiib® ist Firma, Marke, Methode, Software und eine ganz andere Vorstellung davon, wie Menschen zusammenarbeiten. Es geht Wege zu einer verlustfreie Kommunikation für alle. Start your fiibification - fiib it!

ISBN-13: 9783759773135

Verlag: BoD - Books on Demand